In LIEBE,
für all meine Pferdefreunde.

Hinweis

Die im Buch veröffentlichen Ratschläge wurden von der Verfasserin mit größter Sorgfalt erarbeitet und geprüft. Eine Garantie kann jedoch nicht übernommen werden. Ebenso ist eine Haftung der Verfasserin und ihrer Beauftragten für Personen-, Sach- oder Vermögensschäden ausgeschlossen. Das vorliegende Werk wurde sorgfältig erarbeitet. Dennoch übernimmt die Autorin für die Richtigkeit von Angaben, Hinweisen und Ratschlägen sowie eventuellen Druckfehlern keine Haftung. Die Informationen in diesem Buch verstehen sich nicht als Ersatz für den Rat eines Arztes/ Heilpraktikers. Wer krank ist oder ärztliche Betreuung benötigt, sollte nicht mit den im Buch beschriebenen Übungen beginnen, bevor er den Rat eines kompetenten Arztes oder Heilpraktikers eingeholt hat. Vielen Dank !!

Leichter und entspannter Reiten
mit Yoga, Pilates und Visualisierungsübungen

♥ Irmi Fa ♥

Bibliografische Information der Deutschen Nationalbibliothek:
Die Deutsche Nationalbibliothek verzeichnet diese Publikation in der Deutschen Nationalbibliografie; detaillierte bibliografische Daten sind im Internet über http://dnb.dnb.de abrufbar.

© 1. überarbeitete Neuauflage April 2024 , ©Irmi Fa
© 1 Auflage, August 2018: Leichter und entspannter Reiten
© Text und Illustrationen: Irmi Fa
© Fotos: Irmi und Elke Fa
Alle Rechte vorbehalten.

Herstellung und Verlag: BoD – Books on Demand, Norderstedt
ISBN: 9783759707642

Inhaltsverzeichnis

Herzlich willkommen..9
Einleitung...10
Anleitung und Dauer der Übungen...12
Allgemeines...14
Atmung..14
Lächeln und Spaß bei den Übungen...14
Handy und Co. 15
Abschluss nach jedem Training...16
Kurzes Aufwärmen..17
Der Gummibaum...18
Der glückliche Hüpfer...19
Die Kuh und die Katze..20

- **Yoga:**

Die Grundhaltung im Yoga...22
Atmung..23
Übungen..25

Der Berg *hilft bei: Unruhe und Unsicherheit im Sattel, fehlendem Gleichgewichtssinn*

Der Baum *hilft bei: fehlendem Gleichgewichtssinn, unruhigen Füßen im Steigbügel, Klammern mit den Knien am Sattelblatt*

Der Baum im Wind *hilft bei: fehlendem Gleichgewichtssinn, fehlender Aufrichtung im Sattel, allgemeiner Schwäche im Körper*

Der Baby-Hund *hilft bei: Schwierigkeiten im Schulter- und Armbereich, Konzentrationsschwäche auf dem Pferd*

Inhaltsverzeichnis

Das kleine Kamel *hilft bei: Aufrichtungsproblemen im Sattel, schwacher Rückenmuskulatur*

Der Krieger *hilft bei: Konditionsschwäche, schwacher Rücken- und Bauchmuskulatur, um sich gerade zu halten*

Das glückliche Baby *hilft bei: steifen Hüften, starre Wirbelsäule*

- **Pilates:**

Die Grundhaltung im Pilates..55
Atmung..56
Powerhouse..56
Übungen...58

Konzentriertes Atmen *hilft bei: Verkrampfen und zu viel wollen beim Reiten, Stresssituationen*

Schneckenhaus *hilft bei: schlechter Haltung im Sattel*

Wirbelsäule drehen *hilft bei: schwacher Beinmuskulatur für feine Hilfengebung, unruhigen Beinen im Sattel und klammernden Knien*

Schulterbrücke *hilft bei: Klammern im Sattel, Stressabbau, fördert die Beweglichkeit der Wirbelsäule, kein "Plumpsen" mehr im Sattel*

Heben und senken des unteren Beines *hilft bei: unruhigem Sitz im Sattel, verbessert die Hilfengebung*

Inhaltsverzeichnis

- **Visualisierungsübungen:**

Einleitung..79

Ballettprinzessin *hilft bei: fehlender Aufrichtung im Sattel*

Küken reiten spazieren *hilft bei: zu harter Zügelführung, starren Zügelfäusten*

Zapfenstreich *hilft bei: Klammernden Knien und Waden*

Besenritt *hilft bei: starren Hüften, Schwierigkeiten, das Gleichgewicht im Sattel zu halten*

Blumenritt *hilft bei: Schwierigkeiten, auf den "Punkt" zu reiten*

Wichtelchen *hilft bei: wackeligen und instabilen Fußgelenken, hochziehenden Fersen*

Surfergirl *hilft bei: Verärgerung und allen negativen Gedanken*

- **Der Vier Hufen Glückstest**..88

Pferdestarkertipp, der dich wieder in den Sattel bringt

Über die Autorin..95
Bücher zum Weiterlesen..98

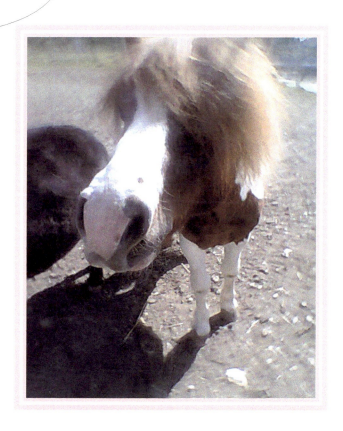

Herzlich willkommen

schön, dass du dich für dieses YogaBuch entschieden hast, du wirst sicherlich ganz viel Freude damit haben. Denn es kommt von einer mir, einer großen Pferdefreundin für dich, einem Pferdemenschen. Daher werde ich einfach „Du" sagen, um das ganze Thema dir leicht und entspannt zu erklären. Lockere und einfache Übungen aus Yoga und Pilates warten auf dich. Die dir helfen werden mit deinen Rücken-, Bein- und Bauchmuskeln einen federleichten, grazilen und zügelunabhängigen Sitz, der Spaß macht sowie unkompliziert ist, zu erlangen. Außerdem findest du hier, mit lustigen und ganz einfachen Visualisierungsübungen für dich und für dein Pferd, eure eigene Wohlfühlzone wieder. Und gewinnt dadurch gemeinsam ein tolles, neues Reitgefühl. Nun freue ich mich sehr und wünsche euch, dir und deinem Pferd, von Herzen viel Freude beim Bewegen und sich selbst entspannen.

Auf zu neuen Entdeckungen und viel Freude!

Deine Irmi

Einleitung

Reiten ist eine Sportart sagen manche, ein Hobby gemeinsam mit einem wundervollen, freundschaftlichen Tier schwärmen andere, doch unabhängig von der Reit"*sicht*"weise, formt und beansprucht Reiten alle Muskeln im Körper.

Doch jeder von uns ist auch ein einzigartiges wundervolles Individuum und somit auch unser Körper. Lass nicht den Kopf hängen, wenn es einmal nicht so klappt oder du kleine reiterliche "*Problemzonen*" hast. Manche Reiter tun sich hart, einen geraden Sitz im Sattel aufrecht zu erhalten. Andere wiederrum sitzen gerade, haben aber dafür Mühe, mit ihren Knien am Sattelblatt nicht zu klammern und somit ihre Reiterhilfen überhaupt richtig geben zu können. Nächste wünschen sich mit der Hüfte lockerer im Takt mitschwingen zu können, fühlen sich aber einfach zu steif und plumpsen ihrem Pferd unabsichtlich in den Rücken.

All diese kleinen "Problemchen" können mit einfachen Übungen aus Yoga und Pilates ausgehebelt werden und die witzigen Visualisierungsübungen machen deinen Geist locker und entspannt. Manche Übung eignet sich auch prima dafür, sie auf dem Pferderücken zu visualisieren.

Einfach die Zügel durchhängen lassen, dass Pferd entweder anhalten oder im ruhigen Schritt weiterlaufen lassen, dann konzentriere dich für ein bis zwei Minuten nur auf die Übung, nur gedanklich. Danach atme bewusst ein paar Mal entspannt tief ein und aus und beginne wieder ganz normal weiter zu reiten.

Du wirst sehen, was diese kleinen Frischekicks für Wunderchen bewirken können. Dein Pferd wird begeistert sein, von deiner neuen, federleichten und entspannten Persönlichkeit und somit deiner neuen, freundlichen Art zu reiten. Wähle einfach die Übungen aus, die bei deinen "Problemchen" eine Stütze sein können.

Also, beginnen wir und viel Spaß dabei !

Anleitung und Dauer der Übungen

Die Übungen müssen nicht täglich geübt werden, wenn du also keine Lust dazu hast, zwinge dich auch nicht dazu. Es könnte aber schneller zu einer positiven Körperhaltung und einem besseren Körpergefühl führen, wenn die Lektionen täglich mit fünf Minuten in deinen Tagesablauf eingebaut werden. Fünf Minuten insgesamt oder auch nur zwei oder drei reichen schon völlig aus, um auf Dauer ein gutes Körperbewusstsein zu erhalten.

Das schöne ist, du benötigst keine besonderen Fitnessgeräte oder Bekleidung dazu. Trage einfach das, was dir locker und bequem vorkommt. Es darf dich nicht einschnüren. Die Füße hast du in schöne kuschelige Socken gepackt oder im Sommer gerne barfuß. Bitte achte nur darauf, dass du guten Halt auf dem Untergrund hast und weder mit den Socken oder mit den nackten Füßen abrutschst. Große Mahlzeiten sollen wie bei allen Sportarten nicht vor dem Turnen eingenommen werden.

Zwei bis drei Stunden nach dem Essen darfst du gerne anfangen. Oder wenn du es nüchtern kannst, auch gerne vor dem Frühstück. Die Übungen werden alle leicht und verständlich erklärt. Am Anfang jeder Übung steht, wie die jeweilige Lektion auf deinen Körper wirkt, somit fällt es dir ganz leicht auf deine "Problemchen" abgestimmt die einzelnen Lektionen aus Yoga und Pilates auszuwählen. Dazu sind alle wichtigen Merkmale farbig unterlegt, um dir alles deutlich aufzuzeigen. Kleine Strichreitermännchen turnen mit dir, um dir die Bewegungsabfolge jeder Übung leicht zu verbildlichen.

Beginnen wir mit ein paar klassischen Tipps zum Aufwärmen der Muskeln und Allgemeines für dich, damit du dich bei deinem Praktizieren wohlfühlst.

Allgemeines

Die Atmung

Die Atmung fließt während den Übungen einfach leicht und ganz natürlich weiter. Ein und aus durch die Nase. Sollten Besonderheiten sich für manche Übungen ergeben, dies trifft vor allem im Bereich Pilates zu, werde ich speziell darauf hinweisen.

Lächeln und Spaß bei den Übungen

Das wichtigste Hilfsmittelchen überhaupt. Ein fröhlicher Geist kann leichter arbeiten und handelt weise in Stresssituationen. Also, hab auch Spaß und Freude beim Üben der Yoga- oder Pilates-Figuren. Lächle ganz leicht bei allem was du tust. Und vor allem zwinge dich nie in irgendwelche Positionen. Höre wirklich auf deinen Körper, er sagt dir wie weit du dich strecken oder sich deine Gliedmaßen biegen dürfen.

Jeder Mensch ist individuell, wunderschön unabhängig von der Konfektionsgröße und deshalb führe deine Übungen mit Freude und nach persönlichem Können und Belieben aus. Mit einem Lächeln im Gesicht.

Handy und Co.

Wenn du dich für bestimmte Übungen entschieden hast, denke auch daran, dein Handy und sonstige Gegenstände, die deine Aufmerksamkeit ablenken könnten wegzulegen. Habe auch keinen Fernseher dabei an und turne die Übungen ab, wie Dinge auf einer Liste. Diese Übungen sollen, wie oben schon erwähnt dir Spaß machen und vor allem dich für dein wirkliches Hobby, das Reiten, unterstützen, damit es noch schöner wird. Meine Übungen sind keine Abnehmübungen, sondern bringen eine gute Stimmung und einen freudig beweglichen Körper. Du kannst dabei auch deine Lieblingsmusik hören. Nimm dir also auch bewusst Zeit. Du weißt ja mehr wie fünf Minuten am Tag langen schon aus. Aber dann mache es auch bewusst und richtig. Dann wirst du bald einen Erfolg merken.

Abschluss nach jedem Training

Wenn du nun dein Training beendet hast, solltest du dich nicht gleich wieder in deinen Tagesablauf stürzen, sondern gönne dir noch etwas Nachwirkungszeit. Stelle dich locker, aber aufrecht hin. Die Füße ruhen hüftbreit auseinander auf dem Boden.

Für manche Menschen ist es leichter im Liegen zu entspannen, daher darfst du deine persönliche Nachwirkungszeit auch gerne auf dem Boden verbringen. Die Arme ruhen entweder entspannt links und rechts neben dem Körper oder sie liegen auf deinem Bauch sanft platziert und folgen der Atmung. Atme ein und aus, folge deinem Atem. Spüre die Kräfte, die du durch die Übungen erhalten hast. Fühle, was dein Körper geleistet hat und welches positive, frische Gefühl dich erfüllt. Sei dankbar dafür und lasse es auch die Natur wissen. Öffne deine Augen, komme ganz im hier und jetzt an, wenn du liegst, richte dich seitlich langsam auf und setze dich bequem hin.

Hebe nun die Hände zu einem Namaste – Gruß vor der Brust. (Gebetshaltung, Handflächen und Fingerspitzen, diese zeigen nach oben, berühren sich.) Nun verneige deinen Kopf leicht nach unten, als möchtest du jemanden grüßen, sage Namaste in Gedanken oder laut und lächeln dabei. Nun bist du bereit, in deinen Tagesablauf zu starten oder in den Stall zu fahren und glücklich bei deinem Pferd im Sattel zu sitzen, oder sonstige lustige Unternehmungen mit ihm zu machen.

Namaste.

Kurzes Aufwärmen

Ich selbst bin kein großer Freund von vielen Aufwärmübungen vor dem eigentlichen Sport, doch unsere Pferde reiten wir schließlich auch gute 20 Minuten warm, um Ihre Muskeln für die darauffolgende Aktivität in Schwung zu bekommen. Daher machen wir es unseren Pferden gleich und bewegen uns etwas zum Warm werden. Dafür habe ich drei putzige Aufwärmübungen zusammengestellt.

Der Gummibaum

Lockere zuerst die Arme und die Beine. Wir schütteln diese ganz leicht aus, wie wenn wir ein Baum aus Gummi wären. Alles ist ganz leicht und bewegt sich wie von alleine. Stelle dir vor, du hast viele Blättchen an deinen Armen und Beinen und dieses wollen alle im Wind tanzen und einmal so richtig durch gekitzelt werden. Sobald sich die Arme und Beine schön warm anfühlen geht es weiter.

Der glückliche Hüpfer

Stell dir vor, du hättest ein Trampolin unter deinen Füßen. Hüpfe auf deinem imaginären Trampolin ein paar Mal auf und ab, wie ein großer glücklicher Grashüpfer. Du willst ganz viel sehen von der Welt, in die Weite, vielleicht sogar bis zu deinem Pferdchen in den Stall blicken können. Das schaffst du nur, wenn du fleißig auf deinem imaginären Trampolin auf und ab hüpfst.

Ganz leicht in die Knie und hoch zur Decke. Immer locker bleiben und die Sprünge sanft abfedern. Ein paar Mal wiederholen.

Danach klopft das Herzchen vielleicht schon ein bisschen, jetzt kommt nur noch eine Aufwärmübung, aber dann kann es endlich losgehen.

Die Kuh und die Katze

Diese Übung ist ganz wunderbar um die Wirbelsäule zu mobilisieren. Gehe in den Vierfüßlerstand. Die Knie befinden sich unter deiner Hüfte, die Hände und Schultern sind "geöffnet". Dann beginnen wir mit der Kuh. Einatmen, den Brustkorb anheben, nach oben, Schultern zurückziehen und die Wirbelsäule strecken. Jetzt ausatmen und von dem Becken ab Wirbel für Wirbel abrollen. Rund werden wie eine Katze im Katzenbuckel. Kinn zum Brustkorb bringen. Mindestens einmal wiederholen im Atemrhythmus.

❧ Yoga ☙

Die Grundhaltung im Yoga
Atmung
Übungen

Yoga

wirkt ganzheitlich auf den Körper und auf den Geist.

Durch die Kombination, Bewegung mit Atmung entsteht eine vertraute Verbindung.

Die Grundhaltung im Yoga

Die Grundhaltung im Yoga ist aufrecht, locker und die Knie nicht ganz durchgestreckt im aufrechten Stand. Achte darauf, nicht in ein Hohlkreuz zu verfallen. Im Yoga folgt man der Atmung und bindet die Übungen damit ein.

Atmung

Die Atmung fließt mit den Übungen Hand in Hand ineinander über. Es wird entspannt durch die Nase ein und ausgeatmet. Am Anfang erscheint es etwas schwierig, Atmung und gleichzeitig Bewegung miteinander zu kombinieren. Doch ziemlich schnell wird es dein Körper automatisch anwenden, zu welcher Streckung oder Abwärtsbewegung du ein oder ausatmen sollst. Übe zu anfangs nur die Lektionen und binde dann nach und nach die richtige Atmung mit ein.

       Viel Freude dabei!

Der Berg

Der Berg

hilft bei: Unruhe und Unsicherheit im Sattel, fehlendem Gleichgewichtssinn

Die Wirkung der Berg-Übung

Du **findest** durch diese angenehme, leichte Übung zu deiner **Wohlfühlzone (= innere Mitte)** wieder. In Stresssituationen ist sie ganz leicht anwendbar und du kannst dich auf die Kraft der Berge konzentrieren. Sage dir einen ähnlichen Satz vor "Wie ein Berg stehe ich fest und unerschütterlich." Spüre die Kraft, die dich hält. Die Übung **fördert** den Gleichgewichtssinn und somit auch das **Gleichgewichtsgefühl im Sattel.**

Und ermöglicht dadurch einen **schiefen Sitz zu entlasten** und die Bügel wieder gleichmäßiger auszutreten. Außerdem erhältst du einen **ruhigen Sitz.**

Die Übung

Mit leicht geschlossenen Beinen aufrecht hinstellen. Wenn du möchtest, kannst du die Augen dazu schließen. Der Blick ist ansonsten gerade gerichtet. Die Zehen, Fersen und Ballen fühlen den kraftgebenden Untergrund. Wie ein Schwämmchen saugen sie diese Stärke in sich auf. Atme ganz ruhig und entspannt weiter und falte nun die Hände vor der Brust in Gebetshaltung zusammen. Die Handflächen und die Fingerspitzen, die nach oben zeigen, berühren sich. Spüre, wie du immer größer wirst und in die Höhe wächst, wie ein Berg, bei jedem Atemzug. Das Kinn liegt nicht auf der Brust, sondern ist gerade gerichtet. Die Schultern fallen entspannt nach hinten unten und der Kopf sitzt locker. Nun den Bauchnabel ganz leicht nach innen ziehen.

Nicht ins Hohlkreuz fallen, sondern sich vorstellen du hättest einen wunderschönen Wasserkrug auf deinem Kopf zu balancieren. Der nur dadurch gehalten werden kann, wenn du den Kopf und deine Wirbelsäule in einer lockeren Wirbel- für Wirbelpäckchen aufeinandersitzenden Position hältst, ohne zu verkrampfen. Wie eine freundliche Dame aus der Karibik.

Wiederholungen

Wiederhole diese Übung zwei bis fünf Mal. Nach jeder Einheit kurz innen halten. Die Beine leicht lockern, wenn du das Gefühl dazu hast. Bleibe in deiner Konzentrationsphase und lassen dich nicht von etwas anderem stören oder ablenken.

Visualisierungsübung auf dem Pferd

Die Berg – Übung eignet sich wunderbar als Visualisierungsübung auf dem Pferd. Solltest du dich unlocker im Sattel fühlen oder eine Übung, die du reiten möchtest, will und will nicht gelingen, kann der Berg dabei weiterhelfen, sich wieder zu zentrieren. Du hältst entweder dein Pferd an oder reitest weiter entspannt im Schritt. Stelle dir nun vor, wie deine Füße die Kraft des Berges in sich auf-nehmen. Bcide gleichermaßen. Spüre wie diese Kraft deinen ganzen Körper neu auflädt mit Energie. Atme ein und aus. Fühle jeden kraftvollen Tritt von deinem Pferd unter dir. Wenn du die Richtung kennst, wird sie auch dein Pferd verstehen. Sei klar in deinen Gedanken, gebe nur minimale Hilfen und richten deinen Körper nach deiner Wohlfühlzone aus, spüre wie der Berg dich trägt. Nichts kann dich aus deiner Ruhe bringen. Jetzt atme ein paar Mal tief ein und aus. Nehme die Zügel wieder auf, aber nun mit einem frischen und guten Gefühl.

**Mmh...,
Bananen und Äpfel sind mir lieber, als
Yoga und Pilates.**

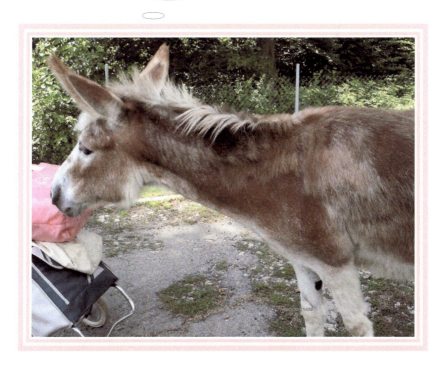

Der Baum

Der Baum

hilft bei: fehlendem Gleichgewichtssinn, unruhigen Füßen im Steigbügel, Klammern mit den Knien am Sattelblatt

Die Wirkung der Baum – Übung

Diese kraftvolle Übung bringt dich zu einem wunderbaren **Gleichgewichtsgefühl**. Welches sich auf Dauer ganz einfach in den Sattel übertragen lässt, du sitzt ab nun leichter und doch sicherer. Deine Schultern werden gedehnt und dein Brustkorb geöffnet. Die **Fußgelenke** werden **gestärkt** und unruhige Beine in den Bügeln können endlich Geschichte werden. Du trittst **beide Bügel gleichmäßig** aus und wirst dadurch in deinen Hilfen für dein Pferd feiner und verständlicher.

Das **Klammern der Knie** wird ab nun **kein Problem** mehr für dich sein, denn deine Leisten werden durch diese feine Übung gedehnt.

Die Übung

Diese Übung beginnst du aus dem Berg heraus. Du stehst im aufrechten Stand mit leicht angewinkelten Knien, hüftbreit die Füße auseinander. Atme leicht ein und aus durch die Nase. Fühle die Stärke, die deine Füße aufnehmen, die Kraft der Natur fließt durch sie. Verlagere nun dein Gewicht auf die linke Seite. Beuge das rechte Knie und bringe die rechte Fußsohle sanft an den linken Knöchel, das linke Schienbein oder an den linken Oberschenkel. Nur so weit wie du es kannst. Gerne darfst du deinen Fuß mit Hilfe der Hand an die gewünschte Stelle anbringen.

 Hauptsache ist, dass beide Hüftknochen weiterhin parallel ausgerichtet sind und nach vorne zeigen. Achte darauf, für dich eine bequeme Stelle gefunden zu haben und vor allem, dass du keine Schmerzen hast. Bei der nächsten Einatmung hebe die geöffneten Arme über den Kopf. Ausatmen und die Schultern nach hinten unten senken, die Arme bleiben oben. Konzentriere dich nur darauf, dass du ein Baum bist. Kraftvoll und doch beweglich und nicht starr im Wind. Fühle die Energie. Speichere diese in deinen Zellen ab.

Halte diese Position fünf tiefe Atemzüge lang. Nach kurzer Zeit löse beim nächsten Ausatmen die Arme. Bringe sie wieder in eine normale, entspannt hängende Position. Dann atme wieder ein und beim nächsten Ausatmen, löse nun dein rechtes Bein von deinem linken Innenschenkel. Langsam gleitet es wieder zum Boden hinab. Atme ein paar Mal entspannt ein und aus. Dann ist das linke Bein an der Reihe.

Wiederholungen

Mache diese Übung auf alle Fälle einmal pro Bein. Danach entscheide, wie fit du bist, um weitere Wiederholungen fortzuführen. Gerne zwischen zwei und drei Mal.

Der Baum im Wind

Der Baum im Wind

hilft bei: fehlendem Gleichgewichtssinn, fehlender Aufrichtung im Sattel, allgemeiner Schwäche im Körper

Die Wirkung der Übung der Baum im Wind

Diese erweiterte Übung des Baumes **verbessert** den **Gleichgewichtssinn,** welcher gerade beim Reiten von großer Bedeutung ist. Streckt deine Flanken und die Wirbelsäule und **richtet dich** dadurch in voller Größe **auf**, somit verhinderst du ganz gekonnt, nie mehr im Sattel zusammen zu fallen. Außerdem **stärkt der** Baum im Wind **deine Oberschenkel-, Waden- Rückenmuskulatur,** dehnt deine Leisten und Schultern. Ein rundum Sorglos - Paket für dich als Reiter.

Diese Übung streckt dich in die Länge, du machst im Sattel eine top Figur und hast ein **perfektes Gleichgewichtsgefühl.**

Die Übung

Du beginnst zuerst wie in der vorherigen Übung des Baumes und die Hände bleiben vorerst auf den Oberschenkel ruhen. Suche dir einen Punkt zum Fixieren, damit wird es dir leichter fallen, dein Gleichgewicht zu halten. Wir beginnen mit dem rechten Fuß, er liegt am linken Bein an. Deine rechte Hand bleibt locker auf dem rechten Oberschenkel liegen. Die Handfläche deiner rechten Hand zeigt nach oben. Atme ein und machen die linke Körperhälfte lang, strecke deinen linken Arm in die Luft. Geschmeidig wie ein Baum im Wind. Beim Ausatmen bringe deinen Oberkörper ganz sanft nach rechts, zum Bein hin neigen. Halte nun diese Position drei bis vier Atemzüge lang. Danach wechsle die Seite.

Wiederholungen

Diese Übung, so leicht sie auch am Anfang erscheinen mag, ist doch ziemlich anstrengend für deinen Gleichgewichtssinn. Daher wiederhole sie nur so oft, wie du dich noch fit fühlst, aber auf alle Fälle einmal pro Seite.

Der Baby - Hund

Der Baby - Hund

hilft bei: Schwierigkeiten im Schulter- und Armbereich, Konzentrationsschwäche auf dem Pferd

Die Wirkung der Übung der Baby-Hund

Diese lustige Übung schenkt nun ihre ganze Aufmerksamkeit einem **anderen Körperbereich**. Reiten ist ja nicht nur Beinarbeit, sondern auch die Schultern und die Hände leisten etwas. Hast du in diesem Bereich eher Schwierigkeiten, dann kann dir die Baby - Hund Übung prima eine Hilfe sein. Durch sie werden deine **Arme und Beine kräftiger**. Deine Schultern, Achselhöhlen, Hände und Beinseiten werden gedehnt. Und das tollste an dieser einfachen Übung ist, dass dein Körper aktiviert wird und dein **Geist beruhigt**.

Die Übung

Bringe dich in den Vierfüßlerstand. Achte während der Übung darauf, dass dein Kopf und der Nacken entspannt bleiben und deine Hände fest vom Boden sich wegdrücken. Die Hände sollten mit gespreizten Fingern vor den Schultern Platz nehmen. Deine Zehen stützen dich schon einmal am Boden ab. Dann bei der nächsten Ausatmung, die Knie vom Boden heben. Die Knie gebeugt lassen und die Fersen befinden sich in der Luft. Einatmen, Arme und Wirbelsäule strecken. Der Popo wird in Richtung Zimmerdecke geschoben. Ausatmen Fersen sanft zum Boden bringen. Den Kopf entspannt hängen lassen und selbst entspannen. Halte diese Position drei bis vier Atemzüge lang. Danach langsam lösen.

Wiederholungen

Wiederhole diese Übung zwei bis drei Mal. Sollte sie dir Spaß bereiten, darfst du sie natürlich gerne öfters ausführen.

Das kleine Kamel

Das kleine Kamel

hilft bei: Aufrichtungsproblemen im Sattel, schwacher Rückenmuskulatur

Die Wirkung der Übung des kleinen Kamels

Diese lustig klingende Übung **bringt** hauptsächlich den **Oberkörper** in Schwung. Sie dehnt die Körpervorderseite, den Hals, Brustkorb, Bauch, Leisten und die Oberschenkel. **Öffnet** den **Brustkorb, stärkt die Rückenmuskulatur** und verbessert ganz nebenbei die Haltung. Eine kleine Übung mit großer Wirkung, die dir gerade beim Reiten ein gutes Gefühl in deinem Körper geben wird. Endlich hast du die Möglichkeit, ohne großen Aufwand locker auf dem Rücken deines Pferdes zu sitzen, ohne große Anstrengung, das Gleichgewicht zu halten oder sich stetig an die Aufrichtung erinnern zu müssen.

Die Übung

Gehe in den Kniestand. Die Knie sollten hüftbreit auf dem Boden ruhen. Öffne deine Schultern. Diese sollten mit der Hüfte und den Knien eine Linie bilden. Lege deine Hände, die Finger zeigen locker und entspannt nach unten, auf den unteren Rücken. Bringe ganz sanft deine Ellenbogen zueinander, hinten auf dem Rücken. Beim nächsten Ausatmen ziehe ganz sachte die Schulterblätter und das Steißbein nach unten. Achte darauf, dass du nicht in ein Hohlkreuz fällst. Dafür mache den Nacken lang und heben das Brustbein an. Dein Blick geht schräg nach oben. Halte nun diese Position drei bis fünf Atemzüge lang. Danach löse langsam diese Haltung auf.

Wiederholungen

Diese kleine, aber feine Übung verlangt sehr viel. Daher übe diese nur einmal mit Haltung von drei bis fünf Atemzügen. Auf Dauer können die Wiederholungen sehr gerne gesteigert werden.

Der Krieger

Der Krieger

hilft bei: Konditionsschwäche, schwacher Rücken- und Bauchmuskulatur, um sich gerade zu halten

Die Wirkung der Übung der Krieger

Diese Übung ist auch teilweise bekannt unter dem Namen der Held oder Heldenposition. Namen unabhängig besitzt sie jedoch dieselbe Wirkung. Das Schöne an der Übung des Kriegers ist, dass sie generell das **"Durchhaltevermögen" fördert**. Vielleicht kennst du das Gefühl, dass dir im Stall manchmal noch die richtige Kondition fehlt. Mit dieser Übung wirst du fit. Denn sie **dehnt den Brustkorb, Schultern und den Bauch**. Sie **kräftigt** die **Rückenmuskulatur und die der Beine**. Genau so, wie es bei deinem Pferd ist, dass nur fitte Bauchmuskeln einen gesunden Rücken tragen, eins zu eins ist es auch bei dir.

Ab jetzt schreitest du elegant durch den Stall und das Heben des Sattels oder sogar ein glücklicher Ritt ohne Sattel auf dem Pferderücken, wird für dich kein Problem mehr sein.

Die Übung

Beginne die Lektion des Kriegers in der Position des Berges. Mache mit dem rechten Fuß einen großen Schritt zurück. Beide Fersen auf eine Linie bringen. Den hinteren Fuß aufdrehen, ungefähr in einem 45 Grad Winkel. Das Becken und der Oberkörper drehen nach vorne, die Füße bleiben auf ihrer Position. Beim nächsten Ausatmen beuge das vordere Knie bis es sich ungefähr über dem Fußgelenk befindet. Die Hüfte bleibt parallel, darauf solltest du deine Aufmerksamkeit richten. Einatmen, die Arme über vorne nach oben strecken und die Schulterblätter öffnen. Mit jedem einatmen, deinen Oberkörper stecken, mit jeder Ausatmung vorderes Bein tiefer beugen. Nach ungefähr 5 Atemzügen wechselst du das Standbein.

Wiederholungen

Die Übung des Kriegers, sollte auf alle Fälle einmal pro Bein durchgeführt werden. Für den langsamen Aufbau der Kondition empfiehlt es sich, diese Übung nach und nach zu steigern. Beginne sie mit zwei bis drei Wiederholungen.

Das glückliche Baby

Das glückliche Baby

hilft bei: steifen Hüften, starrer Wirbelsäule

Die Wirkung der Übung das glückliche Baby

Der Name ist hier Programm. Fühle dich **wie neugeboren** und ein kleines Kind, dass mit großem Vergnügen auf dem Boden herumturnt, um alles neu zu entdecken. Diese Übung **kümmert** sich um die **Hüfte und Leisten**, sie werden gedehnt und die **Wirbelsäule** wird **gestreckt**. Wenn du das Gefühl hast, zu steif in den Hüften zu sein und deinem Pferd damit Probleme bereitest in seiner Bewegungsfreiheit, wird diese Übung die Lockerung für deine Hüften verschaffen. Deinem Pferd in den Rücken "zu fallen" wird bald Geschichte sein.

Die Übung

Lege dich gemütlich auf den Rücken, mit leicht geöffneten und gebeugten Beinen. Hebe die Knie an, diese sollten nun in Richtung Brustkorb zeigen. Stecke die Arme zwischen den Beinen hindurch, die Knie sind außen und die Ellenbogen daneben. Die Handgelenke vor die Knöchel legen und mit den Händen an die Fußaußenkante fassen. Beim nächsten Ausatmen mit den Händen die Füße nach unten ziehen und die Knie am Oberkörper vorbei nach unten beugen. Einatmen und den unteren Rücken und das Steißbein verlängern. Achte darauf, dass die gesamte Wirbelsäule flach auf den Boden gedrückt ist. Einige Atemzüge lang halten.

Wiederholungen

Diese Übung bereitet sehr viel Spaß, ist aber genauso auch anstrengend für die Wirbelsäule und die Hüften. Auch hier gilt wie bei allen anderen Übungen auch, steigere die Dauer dieser Lektion erst nach und nach. Zu anfangs kannst du diese Übung bis zu zwei Mal wiederholen. Aber übertreibe es nicht.

❦ Pilates ❧

Die Grundhaltung im Pilates
Atmung
Powerhouse
Übungen

Pilates

Pilates hat die angenehme Wirkung, den Körperkern zu stabilisieren, den Schultergürtel und das Becken zu fördern und grazile Muskeln zu formen, ähnlich wie eine Katze. Durch die spezielle Atemtechnik erfahren der Körper und der Geist eine ganz neue Frische.

Grundhaltung im Pilates

Die Grundhaltung im Pilates ist der im Yoga sehr ähnlich. Es wird locker, aufrecht, mit Blick geradeaus gestanden. Die Knie werden nicht ganz durchgestreckt im Stand und die Füße befinden sich immer in einer hüftbreiten auseinander Stellung.

Atmung

Es gibt bei Pilates eine besondere Atmung. Bei Pilates atmet man durch die Nase ein und durch den leicht geöffneten Mund wieder aus. Wie als ob man ein kleines Wattebällchen ganz leicht wegpusten möchte, mit gespitzten Lippen. Verkrampfe dich aber bitte nicht, führe die Übungen ganz entspannt aus und nach und nach kannst du deine Atmung zu den Lektionen hinzufügen. Es ergibt sich von ganz alleine.

Powerhouse

Pilates ist dafür bekannt, dass die Übungen über das so genannte Powerhouse arbeiten. Das Powerhouse befindet sich in unserer "Körpermitte". Ist unsere Körpermitte gestärkt, haben wir automatisch auch eine gesunde Haltung.

In unserem Powerhouse, bzw. Körpermitte arbeiten vier Muskelgruppen, diese Gruppen werden durch die unterschiedlichen Pilatesübungen angespannt und gefördert. Für jede Übung solltest du das Powerhouse aktivieren bzw. mit einbeziehen. Dies funktioniert so:

Nehme eine neutrale Beckenposition ein (wenn Beckenkammknochen und Schambein auf einer Ebene sind).

- Spanne alle Bauchmuskeln und die Beckenmuskeln an.
- Der Bauchnabel zieht leicht nach innen und der Beckenboden nach oben.
- Der Popo bleibt bitte entspannt und locker. Er wird nicht mit eingezogen.
- Locker atmen und versuche keine Luft anzuhalten.

Konzentriertes Atmen

Konzentriertes Atmen

hilft bei: Verkrampfen und zu viel wollen beim Reiten, Stresssituationen

Wirkung der Übung

Mit dieser einfachen, aber sehr effektiven Übung, trainierst du nicht nur die Atmung für Pilates, sondern erhältst ein ganz einfaches **Entspannungsmoment** an die Hand. Du erhältst dadurch wunderbaren **Zugang** zu deiner **Wohlfühlzone**. Du bist **entspannter und ruhiger**. Diese Übung eignet sich, sie auch auf dem Pferd zu visualisieren und dir in **Stresssituationen** einen **Halt** zu geben.

Die Übung

Stelle dich aufrecht hin und hüftbreit die Füße auseinander auf den Boden. Schließe die Augen und atme. Atme ein, durch die Nase und spüren die Energie der Luft, die deinen kompletten Körper durchströmt. Dann atme durch den leicht geöffneten Mund (Wattebällchen pusten) wieder aus. Die gesamte "verbrauchte" Luft fließt aus deinem Körper. Bei jedem neuen Atemzug spüre wie der Körper gereinigt wird und du immer mehr Energie erhältst.

Wiederholungen

Wiederhole die Übung so oft du möchtest und wie es dir gut tut. Wenn es klappt, wiederhole sie bis zu fünf Mal ein und ausatmen.

Visualisierungsübung auf dem Pferd

Auch diese Übung lässt sich ganz einfach und wunderbar auf dem Pferderücken umsetzen. Gerade dann, wenn du das Gefühl hast, mit deinen Gedanken überall zu sein, nur nicht bei deinem Pferd im Sattel, helfen diese tiefen und entspannten Atemzüge sich bewusst zu werden, im Hier und Jetzt zu sein. Lasse dein Pferd ein paar Runden am losen Zügel laufen oder halte es für einen kurzen Moment an. Führe die Übung genau so aus, wie sie oben beschrieben wird. Nur anstelle, dass du auf dem Boden stehst, sitzt du richtig gefühlt im Sattel. Spüre deine Sitzknochen im Sattel, spüre die Sitzfläche im Sattel und deine Beine am warmen Körper deines Pferdes. Atme nun für eine Minute genau so wie oben beschrieben durch die Nase ein und ganz locker und leicht (Wattebällchen pusten) durch den Mund wieder aus. Gerne mit geschlossenen Augen oder offenen, aber achte darauf, dass sich nicht dein Pferdchen mit dir auf dem Rücken aus dem Staub macht. Nach diesem kleinen Atemkurzurlaub wird dir jetzt das Reiten richtig gut gelingen.

Schneckenhaus

Schneckenhaus

hilft bei: schlechter Haltung im Sattel

Wirkung der Übung das Schneckenhaus

Diese Übung ist ganz wunderbar für die Wirbelsäule, die Schultern, den Nacken und den Bauch. Wenn du diese Lektion öfters ausführst und diese mindestens einmal am Tag, dann bekommst du die Möglichkeit, endlich **aufrecht im Sattel** zu sitzen ohne Mühe. Diese Pilates Übung **dehnt und verlängert die Wirbelsäule**.

Die Übung

Bringe dich in den Vierfüßlerstand auf den Boden. Die Knie befinden sich unter der Hüfte, die Arme und Schultern bilden eine Linie. Die Arme sind gerade, werden aber nicht ganz durchgestreckt. Die Augen sehen zu Boden, somit bildet der Kopf eine gerade Linie mit der Wirbelsäule. Einatmen. Ausatmen, die quere Bauchmuskulatur und somit den Beckenboden anspannen. Der Bauchnabel wird sanft nach innen gezogen. Der Po sinkt auf die Fersen, die Arme bleiben locker ausgestreckt auf dem Boden. Der Kopf sinkt zwischen die Ellenbogen. Nun halte diese Position 20 Sekunden lang. Einatmen und ausatmen. Spüre die Verlängerung der Wirbelsäule beim Einatmen. Beim nächsten Einatmen den Po von den Fersen leicht anheben. Die Hände ca. 10 cm nach vorne schieben, ausatmen und den Po wieder auf die Fersen senken.

Wieder ca. 20 Sekunden lang halten. Ein- und ausatmen. Die Position langsam lösen, ein- und ausatmen.

Wiederholungen

Diese Übung sollte nach persönlichem Empfinden wiederholt werden. Sie dauert fast an sich schon eine knappe Minute. Daher ist es auch hier ratsam, die Wiederholungen langsam zu steigern.

Wirbelsäule drehen

Wirbelsäule drehen

hilft bei: schwacher Beinmuskulatur für feine Hilfengebung, unruhigen Beinen im Sattel und klammernden Knien, schlechter Haltung im Sattel

Wirkung der Übung Wirbelsäule drehen

Dies ist eine meiner absoluten Lieblingsübungen. Vielleicht kennst du sie auch bereits unter dem Namen "Twist". Leicht auszuführen, sie macht Spaß und vor allem ist sie am effektivsten. Diese Lektion **dehnt** wunderbar die **rückseitige Beinmuskulatur**. Durch diese Übung kannst du lernen, feiner Hilfen zu geben. Und sie richtet uns Reiter ganz wunderbar im Sattel auf.

Denn die **Wirbelsäulenmuskulatur** wird gedehnt und unsere **Taille** wird **gestärkt.** Alles, was wir für einen tollen Sitz brauchen, bekommen wir mit dieser einfachen, aber umfangreichen Übung.

Die Übung

Setze dich aufrecht auf den Boden. Die Beine sind lang gestreckt und hüftbreit auseinander. Ziehe nun die Fußspitzen in Richtung Körper. Nun strecke die Arme locker seitlich ab. Aber nur soweit, dass du sie noch aus dem Augenwinkel (beim geradeaus kucken) sehen kannst. Denke dich lang und nach oben gestreckt. Die Schulterblätter bleiben locker nach unten. Achte darauf, dass du nicht ins Hohlkreuz fällst. Nun aktivieren wir wieder unsere quere Bauchmuskeln in dem wir sanft den Nabel nach innen ziehen. Beim nächsten Ausatmen dreht sich der Körper, ähnlich wie ein Hubschrauber, zur Seite. Beim Einatmen drehe dich wieder in die Mitte zurück. Beim nächsten Ausatmen drehe dich nun zur anderen Seite. Beim Einatmen wieder in die Mitte.

Achte darauf, dass während der ganzen Übung der Popo und das Becken sich feste auf dem Boden befinden. Schiebe nicht die Beine nach vorne, bei jeder Drehung, sondern halte das Becken stabil. Die Drehung entsteht nicht aus den Armen.

Wiederholungen

Die Übung des "Twist" kann bis zu 5 Mal pro Seite wiederholt werden.

Schulterbrücke

Schulterbrücke

hilft bei: Klammern im Sattel, Stressabbau, fördert die Beweglichkeit der Wirbelsäule, kein "Plumpsen" mehr im Sattel

Wirkung der Übung der Schulterbrücke

Mit dieser Übung kannst du auf angenehme Art die **Anspannungen des Tages ablegen**. Die Schulterbrücke **dehnt den gesamten Körper**. Hilft dabei, die **Wirbelsäule gelenkig** abrollen zu können. Die **queren Bauchmuskeln** werden dadurch **gestärkt**, was eine grazile Aufrichtung verleiht und du diese somit auch im Sattel nutzen kannst. Der große Gesäßmuskel wird gestärkt. Vor allem aber auch die **Kniesehnen,** wodurch du endlich die Chance bekommst, weicher im Sattel zu sitzen **ohne Klammern** am Sattelblatt.

Die Übung

Lege dich auf den Rücken. Die Knie beugen, die Füße hüftbreit auf den Boden auseinander. Die Arme lege seitlich neben den Körper ab, mit den Handflächen auf den Boden. Atme ein. Beim Ausatmen das Becken in Richtung Brustkorb kippen, dazu den Beckenboden, die queren Bauchmuskeln, anspannen. Den Nabel sanft in Richtung Wirbelsäule ziehen. Nun vom Steißbein ausgehend Wirbel für Wirbel vom Boden abrollen bis zu den Schulterblättern, so dass eine Brücke entsteht. ***Bitte beachte, dass du nicht bis zur Halswirbelsäule abrollst!***

Einatmen und die Anspannung der queren Bauchmuskeln halten. Ausatmen, nun langsam Wirbel für Wirbel wieder abrollen, bis du dich wieder in der Ausgangsposition befindest. Das Steißbein wird als letztes abgerollt.

Wiederholungen

Diese Übung wiederhole nur so oft, wie sie dir Freude und Erleichterung verschafft. Achte immer bitte darauf, dass die Schulterblätter entspannt bleiben bei der ganzen Übung.

Heben und senken des unteren Beines

Heben und senken des unteren Beines

hilft bei: unruhigem Sitz im Sattel, verbessert die Hilfengebung

Wirkung der Übung Heben und Senken des unteren Beines

Durch diese Übung werden die **Gesäßmuskeln gedehnt**, die wir natürlich als Reiter fleißig in Anspruch nehmen. Außerdem wird die **Innenseite der Oberschenkel gekräftigt** und die **Beweglichkeit** der **Hüfte** wird **gefördert**. Wir erhalten somit als Reiter ein wunderbares Komplettpacket für unsere Muskelgruppen und Knochen, die wir für einen federleichten, mitschwingenden Sitz benötigen.

Die Übung

Lege dich ausgestreckt auf den Boden. Begebe dich in eine seitliche Liegeposition. Der obere Arm stützt sich auf dem Boden ab und liegt somit vor dem Körper. Der Unterarm ist rechtwinklig angewinkelt. Der Kopf ruht auf deinem unteren Arm. Nun stelle das obere Bein angewinkelt im Knie über das untere Bein. Der Fuß sollte sich vor dem Oberschenkel des unteren Beines befinden. Das obere Knie zeigt in Richtung Zimmerdecke. Das Becken bleibt senkrecht während der ganzen Übung. Beim nächsten Ausatmen hebe nun das untere Bein an. Mit dem Einatmen senke es wieder. Deine Aufwärtsbewegung mit dem untern Bein sollte genau so lange dauern, wie die Abwärtsbewegung. Die Taille bleibt während der gesamten Übung angespannt und berührt den Boden nicht.

Die Kraft kommt aus deinem Zentrum. Hole keinen Schwung mit dem Bein. Denke dich lang.

Wiederholungen

Diese Übung kann ganz schön anstrengend sein. Aber wenn du pro Bein eine Wiederholung von acht bis zehn Mal schaffst, ist dies spitze!

Visualisierungsübungen

Visualisierungsübungen

Visualisierungsübungen sind bildhafte, gedankliche Vorstellungen um Verschiedenes zu erreichen, beispielsweise einen leichten, zügelunabhängigen Sitz im Sattel. Sie sind eine ganz wunderbare Art, den Geist zu beschäftigen und einen ganz anderen Blickwinkel auf Situationen zu bekommen und diese durch Gedankenkraft zu formen und positiv zu verändern.

Einleitung

Folgende lustige Visualisierungsübungen werden deine Kreativität und deinen Geist fleißig auf die Probe stellen. Doch du wirst sehen, wie viel Freude diese munteren Übungen beim Reiten bereiten und welche positiven Veränderungen dadurch im Sattel entstehen. Wende diese gedanklichen Bildchen einfach beim Reiten an, egal, ob in der Halle oder draußen im Gelände. Ob alleine oder in der Gruppe mit Reiterfreunden. Immer dann wenn sie dir einfallen.

Die Ballettprinzessin

hilft bei: fehlender Aufrichtung im Sattel

Dir fällt es trotz großer Bemühungen immer wieder schwer, aufrecht zu sitzen? Du sinkst während dem Reiten auf deinem Pferdchen zusammen wie ein kleiner, unscheinbarer Haufen? Beende diesen Zustand. Ab heute sitzt nur noch die Ballettprinzessin im Sattel. Während du dein Pferd im Schritt warm reitest, stelle dir vor, wie du ein kleines oder auch gerne ein größeres Krönchen auf deinem Kopf platzierst. Voller Stolz glänzt es in deinem Haar und jeder soll es sehen, wie es funkelt. Du wirst größer und streckst dich in königlicher Haltung im Sattel. Nicht verkrampft, aber sehr erhaben. Visualisiere dir immer wieder das Krönchen und die Eleganz einer Balletttänzerin. Du wirst Staunen, was alles in dir steckt.

Küken reiten spazieren

hilft bei: zu harter Zügelführung, starren Zügelfäusten

Neigst du häufig dazu deine Zügel"fäuste" zu hart zu schließen und kannst nicht mehr weich nachgeben? Diese flauschige Visualisierungsübung wird dich erweichen. Sicherlich kennst du die putzigen, winzig kleinen gelben Babyküken. Die wie wild über die Wiese, hinter ihrer Hühner-Mama her wuseln und freudig alles entdecken wollen. Diese Wuselküken, genauer gesagt zwei, haben dich gebeten, eine Runde mitreiten zu dürfen. Stelle dir vor, dass du je eines in deiner linken und eines in deiner rechten Hand ganz zart mit deinen Händen und den Zügeln umschlossen hälst. Du willst ja schließlich keines verlieren und aber auch keines zu sehr drücken. Visualisiere dies immer wieder, wenn du das Gefühl hast deine Hände werden zu hart. "Fühle" den kitzlich weichen Flaum deiner Küken und staune, wie auf Dauer diese Härte aus deinen Händen verschwinden wird und du ab heute butterweiche Zügel führst.

Zapfenstreich

hilft bei: klammernden Knie und Waden

Klammern im Sattel wird ab heute nie mehr ein Problem für dich sein. Nie mehr falsche Hilfen geben oder ungenaue, weil deine Knie oder sogar Waden so sehr am Pferdebauch und im Sattel klammern. Undenkbar? Dann hast du ab heute gedanklich zwei Zapfen dabei. Sobald du auf deinem Pferdchen sitzt, stelle dir vor, dass sich zwei große, dicke Zapfen zwischen deinem Knie und dem Sattelblatt befinden. Wenn du anfängst zu fest zuzudrücken, pieken dich deine neuen kleinen Reitbegleiter sachte, aber bestimmt zurück in die richtige Position. Wer wird schon gerne gepiekt? Diesem kannst du nur " aus dem Weg" gehen, wenn du deine gedanklichen Zapfen nicht einengst, sondern das Bein locker am Sattelblatt trägst. Außerdem halten deine Zapfenfreunde dich auf gebührendem, gedanklichem Abstand zum Sattelblatt.

Besenritt

hilft bei: starren Hüften, Schwierigkeiten, das Gleichgewicht im Sattel zu halten

So gerne würdest du einmal sattelfest sitzen, wie die stürmischen Hexen auf ihren fliegenden Besen? Kein Problem. Denn ab heute bist du selbst eine dieser wagemutigen Damen auf ihrem fliegenden Gefährt. Lockere Hüften, aber trotz allem ein fester Sitz, begleitet dich in der Vorstellung auf einem Hexenbesen zu reiten. Nur wenn du den Bewegungen auf deinem "Besen" / Sattel und Pferd folgst, bist du flexibel genug, oben zu bleiben und den Ritt zu genießen.

Blumenritt

hilft bei: Schwierigkeiten, auf den "Punkt" zu reiten

Der Blumenritt ist eine ganz leichte Übung, wenn du Schwierigkeiten hast, dein Pferd in die gewünschte Richtung zu reiten. Oft gehen Volten oder Zirkel in Ei- oder Ellipsenformen aus und nicht ordentlich rund. Ein ganz leichter Trick ist hierbei, dort hinzusehen, wohin du reiten möchtest. Sicherlich hast du diese Bemerkung schon öfters gehört, aber in der Umsetzung klemmt es noch etwas? Kein Problem. Stelle dir einfach vor, genau dort, wo du hinreiten willst, ist Sonnenlicht und auf deinem Oberkörper sind wunderschöne Blumen, die sich dieser Sonne entgegenstrecken möchten und nur so blühen können. Doch die Blumen können die Sonne natürlich nur sehen, wenn auch du in diese Richtung kuckst. Du wirst sehen, ab heute werden alle Wendungen und Volten nur noch kreisrund sein.

Wichtelchen

hilft bei: wackeligen und instabilen Fußgelenken,

hochziehenden Fersen

Wichtel – Alarm!! Putzige kleine Wichtel wuseln um deine Füße herum. Denn diese freundlichen Wesen haben entdeckt, dass deine Fußgelenke ganz wackelig sind und überhaupt nicht stabil in den Bügeln liegen. Vielleicht ziehst du auch noch die Fersen im Bügel hoch? Das geht doch gar nicht. Die Wichtelchen wollen dir dabei helfen. Stelle dir vor, dass in deinen Steigbügeln links und rechts putzige kleine Wichtel sitzen. Diese wunderbaren Naturwesen möchten sehr gerne eine ruhige Reise genießen. Also, wenn du möchtest, dass deine Fahrgäste zufrieden ans Ziel kommen, bleibe ruhig und locker in deinen Fußgelenken. So als seien deine Füße verschmolzen im Bügel. Die Wichtelchen haben deine Fußgelenke mit langen Grashalmen stabilisiert und an deine Ferse haben diese kecken Naturwesen ihr ganzes Gepäck gehängt. Das ist natürlich so schwer, dass deine Ferse automatisch nach unten zieht.

Surfergirl

hilft bei: Verärgerung und allen negativen Gedanken

Das Surfergirl ist nun mein persönlicher Gruß an euch liebe Reiterfreunde/innen und es sollte dich überall mit hinbegleiten. Sei entspannt und vor allem lächle. Ja, auch beim Reiten, Putzen des Pferdes oder sogar beim Sattelzeug sauberschrubben. Lächle! Das bringt ein positives, glückliches Gefühl in deinen Körper und überträgt sich auch auf andere. Ab heute wird dich dein Pferd nur noch mit einem großen breiten Grinsen auf dem Gesicht begrüßen und sich von Herzen freuen, dass du wieder da bist.

> Jetzt kommt mal ein echt guter Tipp!
> Aufgepasst auf der nächsten Seite.

Der Vier Hufen Glückstest

Der Vier Hufen Glückstest

Ein kleiner, freudebringender "Test", der dir vielleicht auf wundersame Weise die Augen öffnet und dich auf Trab, Galopp, Tölt oder Pass bringt.

Jedem Reiter geht es früher oder später so, dass man sich denkt, "Hey, gestern aber noch hatte diese oder jene Übung so schön geklappt, warum tut sie es heute nicht". Es gibt viele Gründe warum manches an einem Tag wunderbar gelingt und am nächsten oder in der nächsten Woche nicht so schön funktioniert und man das Gefühl bekommt, wieder bei null anfangen zu müssen. Mach dir keine Sorgen, jeder Tag ist anders und du sowie dein Pferd haben mal einen guten oder weniger guten Tag. Manchmal steigt man einfach mit dem falschen Huf oder Fuß zuerst aus dem Bett.

Daher ist es ganz wichtig, vorab schon seine eigene Stimmung zu hinterfragen. Nimm dir Zeit, bevor du zu deinem Pferd in den Stall fährst. Gönne dir eine kleine Alltagspause und freue dich darauf, dein Pferd zu sehen.

Du kannst schon auf der Hinfahrt, möglichen Ärger über die Arbeit, Kollegen oder sonstige Ärgernisse hinter dir lassen. Höre beispielsweise deine Lieblingsmusik oder bevor du abgehetzt in den Stall braust, lasse dir absichtlich noch mehr Zeit und fahre diesmal ganz bewusst den Weg in den Stall. Du wirst sehen, diese kleinen Tricks sind goldwert. Lasse deinen Stress hinter dir, dein Pferd ist dein Ruhetempel und so wie du ihm begegnest, so wird es auch auf dich reagieren. Freust du dich, wird es begeistert sein dich zu sehen, vielleicht bringst du ihm ja auch ein kleines, besonderes Leckerchen mit. Kommst du dagegen muffig in den Stall, schlecht gelaunt und vielleicht auch noch unter Zeitdruck, wird dir dein Pferd genau dein muffiges Gesicht widerspiegeln.
Und wahrscheinlich wird an diesem Tag nur wenig oder nichts gelingen.

Um aber deine Stimmung genauer und leichter zu erfassen, habe ich den sogenannte Vier Hufe Glückstest für dich zusammengestellt. Sei ehrlich zu dir selbst und vergebe an dich Hufeisenpunkte. Diese sind keines Falls negativ zu werten, sondern geben dir nur die schöne Möglichkeit sich leichter einzuschätzen und je nachdem, den Tag passend mit deinem Pferd gemeinsam zu planen und vorab des Stalls schon zu entspannen.

Also, prüfe hier deine eigenen Hufeisen, denn dein Pferd läuft ja schließlich auch nur auf allen vier Hufen richtig gut.

Ein Eisen: bin schlecht drauf
zwei Eisen: könnte besser sein, aber die Stimmung steigt
drei Eisen: mir geht´s prima
vier Eisen: Jipee! Auf in den Stall und her mit Striegel und Kardätsche

Gab es drei oder vier Eisen für dich? Das ist klasse, du bist perfekt für den Stall gewappnet und wirst mit deinem Pferd einen richtig tollen Tag verbringen. Sogar über kleine Missgeschicke kannst du entspannt lächeln und mit deinen Stallfreundinnen darüber gemeinsam scherzen.

Hast du leider nur ein oder zwei Hufeisen für dich gewertet? Mach dir keine Gedanken. Vielleicht übst du einfach ein wenig die Übung "das Sufergirl". Sollte es noch nicht so gut funktionieren, hier vielleicht ein prima Tipp, der dich wieder auf Trab oder auf den Hufschlag bringt:

Pferdestarkertipp, der dich wieder in den Sattel bringt

Der Tag war lang und anstrengend? Du fühlst dich nun nicht gerade "lustig" aufgelegt. Vielleicht wäre dies eine Idee:

Packe dir ein Goodie – Körbchen aus verschiedenen Leckereien für den Stall zusammen, bestehend aus einer große Kanne heißen, leckeren Tee oder Kakao für den Winter und im Sommer köstliche Limonade oder selbstgemachter Saft. Dann vielleicht noch ein oder zwei feine Häppchen, gerne vegetarische oder vegane, diese sind ganz besonders schnell gemacht und ab geht die Post. Sicherlich sind deine Stallfreundinnen um die selbe Zeit bei ihren Pferden wie du. Lade sie nun vor dem Reiten auf eine kleine, leichte, gemütliche Runde mit dir und deinem köstlichen Getränk in die Sattelkammer ein. Sprecht über alles was euch Freude bereitet, du wirst sehen wie die Glückseisen aus dem Hufeisen Test gleich auf drei oder vier klettern werden.

Bestimmt wirst du bald feststellen, dass die ein oder andere Reiterfreundin sehr erleichtert und froh über diesen netten "Umtrunk" ist, denn sie hatte vielleicht heute auch einen stressigen Tag gehabt. Und du merkst, wie gut es tut, sich zu besprechen und auszusprechen. Die Sorgen verfliegen wie von selbst und verdunsten im heißen Tee oder prickeln einfach weg in der erfrischenden Limonade. Vielleicht plant ihr ja in eurer muntern Runden nun gemeinsam auch einmal einen Kurs zu belegen oder sogar einen kleinen Wanderritt zu wagen.

Nach dieser kleinen Auszeit vom Alltag kannst du dich nun entspannt auf dein Pferd freuen. Und sicherlich auch umgekehrt. Probiere es einfach aus! Viel Spaß dabei!

Ein ganz kleiner Tipp noch von mir! Lächle! :D
Dann ist alles halb so schlimm.

Über die Autorin

Das bin ich !

Die liebe Mariza, meine erste pferdige Lehrerin. Ein sehr liebevolles Reitschulpferd. Auf dem Foto ist sie ca. 25 Jahre alt, ich bin ungefähr 10 Jahre.

Das bin ich heute! Viiiele Jahrzehnte später ☺! Auf diesem Foto arbeite ich gerade an meinem Sozialenprojekt -
Happy Karma häkeln mit GaneshasBells - für den Tierschutzverein Cani di Italia e.V. Der Straßenhunden hilft und ihnen ein zweites Leben schenkt, durch Vermittlung.

Über die Autorin

Jetzt weißt du schon einmal, wer dir dieses Buch geschrieben hat. Aber nun noch ein bisschen Text dazu. Ich habe mit 9 Jahren auf einem Gestüt nicht weit von mir reiten gelernt. Heute sehe ich im Nachhinein, dass es dort für die Pferde nicht so toll war. Sie bekamen nicht sonderlich viel Aufmerksamkeit, mussten schwer über ihre Grenzen hinaus arbeiten und bekamen kaum Beachtung oder gar gutes Futter. Es ist schön, wenn man (geistig) wächst und immer mehr Erfahrung sammeln darf, die man dann den Pferden zugute kommen lassen kann. Indem man auch andere Mitreiter berät, wie es unsere felligen Freunde richtig gut haben können. Vor allem Reitschulpferde, die uns so viel beibringen mit ihrer großen Geduld. Wir brauchen einfach mehr Empathie, mehr Einfühlungsvermögen für alle Geschöpfe, denen wir gegenüber stehen. Yoga ist daher der richtige Weg zu dir selbst. Denn erst müssen wir bei uns anfangen, um eine bessere Welt für alle anderen zu erschaffen. Meine Pferdeliebe ist unentwegt entflammt. Ich liebe es im Schritt durch die Wälder zu reiten. Die Ruhe in der Natur mit einem deiner besten Freunde Pferd ist etwas sehr wunderschönes. Mein Traum ist es eines Tages ein süßes wuscheliges eigenes Pony zu besitzen.

Ich bin allen meinen pferdigen Freunden sehr dankbar, Mariza, Rurik, Tagedes, Rondo, Bubi, Rocco, Larian, Robin Hood, Callimero, Frida, Emmett, Baileys, Mio, um ein paar von ihnen zu nennen. Ein eigenes Pony habe ich noch nicht, aber dafür habe ich das große Glück, ländlich zu wohnen und somit in guten 5 Minuten bei einem von 2 Reitställen sein zu können. Die Liebe zu Yoga und Pilates entstand vor rund 20 Jahren. Die Verbindung durch Atmung und Bewegung und dadurch in seine eigene Mitte zu kommen, finde ich einfach schön. Eines meiner Lieblingsyogastilrichtungen ist YinYoga. Und wie alle Yogis ist für mich Yoga kein Sport sondern durch die Asanas (= Bewegungsabfolge) zu dir selbst zu finden und mit deinem Atem im Einklang. Eine Form der bewegten Meditation. Das Bücherschreiben kam dann noch als weiterer Liebling dazu. Somit erlernte ich in einem Studium das Schreiben und Ausmalen mit Worten. Ein sehr schöner Beruf!

Und schwup-diwup ist dieses Buch entstanden, aus allem was ich so liebe. Neben diesem kleinen Wunderwerk habe ich noch 6 weiter Bücher geschrieben. Unteranderem auch mein Kreativprojekt für den Tierschutzverein Cani di Italia e.V. - Happy Karma häkeln mit GaneshasBells, wovon bei jedem Buchverkauf gespendet wird.

Ich würde mich freuen, wenn du auch Freude an meinen anderen Büchern findest.

Alles Liebe und bis bald, Irmi!

Buchtipps

Es gibt so viele tolle Werke von so vielen tollen Frauen, die sich lohnen während deiner freien Zeit zu lesen. Hier sind ein paar:

- ♥ Die Erde liebt dich - *von Kerstin Fa*
- ♥ Liebesbriefe der Göttin an Dich - *von Isidora Lux*
- ♥ Panda Up your life – *von Irmi Fa*
- ♥ Richtig viel Entspannung – *von Irmi Fa*
- ♥ Happy Karma häkeln mit GaneshasBells – *von Irmi Fa*
- ♥ Tatze Megastark – *von Irmi Fa*
- ♥ Knöpfchen und Petunia – *von Irmi Fa*
- ♥ Chibilishous Lenormand – *von Irmi Fa*

**Platz für Notizen
über dich und dein Pferd**